물소리 같았던 하루

물소리 같았던 하루

2023년 5월 20일 인쇄
2023년 5월 30일 발행

지은이 신 호 철

펴낸이 강경호 편집장 강나루 디자인 정찬애
펴낸곳 도서출판 시와사람
등록 1994년 6월 10일 제 05-01-0155호
주소 광주시 동구 양림로119번길 21-1(학동)
전화 (062)224-5319   E-mail jcapoet@hanmail.net

ISBN 978-89-5665-674-8   03810

· 값은 표지에 있습니다.

이 도서의 국립중앙도서관 출판예정도서목록(CIP)은 서지정보유통지원시스템 홈페이지(http://seoji.nl.go.kr)와
국가자료종합목록 구축시스템(http://kolis-net.nl.go.kr)에서 이용하실 수 있습니다.

ⓒ 신호철, 2023
이 책의 저작권은 저자에게 있습니다. 저작권에 의해 보호를 받는 저작물이므로 저자의 허락없이 무단 전재와 복제를 금합니다.

물소리 같았던 하루

신호철 시화집

시와사람

마음을 알 수 없어 종일 서성거렸습니다
보내드려야 한다는 이 마음을 누가 주었는지 울고 말았습니다
언덕을 넘는 사람과 강을 건너는 사람이 만나
달빛으로 휘엉청 머리를 감습니다 늦은 밤 때 아닌 눈이 내리고
너를 지나치려다 너를 다시 만나게 되는 바램으로 돌아가고픈
다짐 하나 별로 뜹니다

아름다워서는 안 되는 말이 있지 아름다운 것을 아름답다 이야기할 때
열을 세고 난 후에 말해야 하지
나는 나의 언어로, 당신은 당신의 언어로 말해야겠지
계절이 오고 강물같이 시간은 지나쳐 가는데
시카고의 겨울은 춥고 길기만 했지
봄인가 싶으면 다시 눈이 내리고
함께 없어도 함께일 수 있다는 말에 봄은 일찍 부터 설레었지
눈처럼 쌓였던 침묵을 녹이고 어깨를 툭툭 건드리며 다가오는 봄
아름다워서는 안 되는 말을 마구 쏟아내고 싶었지
함께 걸을 수 있다는 어처구니 입을 다무는 나뭇가지마다
하얀 꽃망울을 품고 설레고 싶었지

| 시인의 말 |

저물어 가는 시간은 친근하고도 서글프게 다가왔다
꽃잎같이 아름다워서
제일 먼저 보고 싶은 얼굴이 되기도 하였으리라
이제서야 겨우 내 손은 당신의 가슴에 닿았는데
눈 밑까지 차오르는 물결은 어찌하라고
나의 자리로 돌아 와야만 하는 저녁이 싫었다
지나치면 병이 된다는 말이 싫었다 꿈을 꾸었다
당신이라는 세상에서 가장 따뜻한 꿈을 꾸고 싶었다
하나의 별이 내 몸속으로 내려앉는 꿈을 꾸었다
이상하게도 몸보다 마음이 먼저 가시가 돋았던 당신
가까이 가려해도 가까이 다가갈 수 없어
평생이 걸릴 수도 있는 푸른 멍이 되어 꿈속인 듯 깨어 있었다

숨을 쉴 때마다 내 안을 찌르는 원치 않는 아픔이 되어

숨을 쉬지 못하고 힘들게 꿈에서 깨어나곤 했다
다시는 하늘의 별을 꽃처럼 피우지 않겠노라 다짐했다
꽃이 진 텅 빈 뒤란, 가까이 다가오는 발자국 소리가 들려 왔다
나를 밟고 가세요, 가슴을 딛고 가세요
엎드린 나를 누르고 가는 세월의 헛기침 소리
시간은 소리도 없이 빠르게 흘러 가는데
별빛 한 조각 내 몸을 빠져 나가고
하늘 가로 부서져 흩어지는 당신 숨결 가득하여
가장 많이 보고 싶은 얼굴이 되었으리라

차례

제1부 꽃을 그리는 시간

23 물소리 같았던 하루
24 304마리 노랑나비의 꿈
27 가을의 序
29 막 기차가 떠났습니다
30 그립다 말을 할까
32 속살로부터 움트는 봄
34 가지치기
35 꽃을 그리는 시간
37 사랑하기 위해
38 내가 사랑하는 너에게
40 진흙 한 덩이
42 설마 우리가 사는 세상은 아니겠지요
43 강물은 흘러가리니

작별 인사는 그렇게	46
깊은 순간이 지나갑니다	48
이별이라는 단어	50
밤에서 아침까지	52
창문 하나 있습니다	54
고요해야 할 때	56
봄	57
묻지 않기로 한다	58
인생에게	60
손을 잡는다는 것은	62
함의(含意)에 대하여	64
억새의 눈물	66
멸치	67
화해	68
편지	70

제2부

고요해야 할 때

제3부 나의 사랑, 몽당

- 74 별 하나 뜨는 날
- 75 겨울나무
- 76 기도
- 78 사월과 오월 사이로
- 80 무당벌레
- 81 그리움으로 잠들다
- 82 이상과 현실 사이
- 84 11월의 눈물
- 85 어느 가을 숲
- 88 바람의 하루
- 89 가을의 무릎
- 90 가시나무의 노래
- 91 꽃에게서 배운다
- 92 마지막 달력
- 94 나의 사랑, 몽당

마지막 인사는	98
세상엔	99
노을은 호수가 되고	100
그리운 이가 그리운 날엔	102
기도	104
B와 D 사이 C	105
꿈	106
맹그로브 숲의 고요	108
이명	110
생일	112
바람의 흔적	114
이별 연습	116
기적	117
다짐	118
그대의 문	120

제4부

그리운
이가
그리운
날엔

제5부 꽃이 되었으면

124 봄이 오는 것은 겨울이 지나서가 아니다
126 화분갈이
128 겨울 문턱에서
130 마지막 순수
131 비오는 날 동그라미
132 꽃이 되었으면
134 빈 들은 빈 들이 아닙니다
136 호수가 울었다
138 봄은 5도 기울어져 온다
140 눈이 펑펑 내리는 날

142 해설/ 별을 세고 난 뒤에 부르는 사랑의 노래/ 정윤천

물소리 같았던 하루

생각이 방울처럼 울려 노트 위에 언어로 그려지는 시간
떨어진 별들을 주워 깨끗한 선물을 만들고 넓은 강을 건너고 싶어지는 시간
사랑하기 위해 깨어나 수만 리 떨어진 그대를 내 앞으로 부르는 시간
꽃을 그려보는 시간

제1부

꽃을
그리는
시간

물소리 같았던 하루

한 박자 느린 공허가 덤덤히 흐르는 하루
책상에 앉아 새어나가는 나를 가만히 세어보는 하루
너무 많은 일들이 한꺼번에 지나갔고
어쩌면 아무 일도 일어나지 않았던 것 같아서
물소리 같기도 한 무언가를 마음에서 꺼내어
흘려보내는 하루

304마리 노랑나비의 꿈

노란 리본도 매지 못했고
손길도 한번 건네주지 못했다
이역의 미시간 호수 앞에서 너를 보았다
힘겹게 산을 넘는 걸 보았고
들꽃 길에서 쉬어 가는 걸 보았을 뿐
지금도 너의 길을 알지 못한다

바람에 찢겨 날개가 접힐 때 바닥으로 몸을 떨구는 너를 보며

마음이 아팠을 뿐 아무런 도움도 줄 수 없었다

너무 멀리 있었던 팽목항

유독 파도가 심했던 날 너를 보았다 두 날개 힘겹게 저으며

바다 위를 날고 있을 304마리 노란 나비의 꿈

봄이 되면 여기에 다시 돌아오는 것이다

그날을 위하여 어른들은 아직도

슬픈 표정의 허공 위로

마음에 꾹꾹 눌러 쓴 편지를 날리는 것이다

가을의 序

　당신이 묻힌 이국에 가을이 왔습니다 이번 여름 찌는듯한 폭염 속에서도 꺾이지 않고 찾아온 코스모스가 흔들립니다 어릴 적 여린 몸짓으로 우리를 위해 매양 흔들렸지요 환한 웃음 뒤에 감춰진 슬픔 당찬 걸음 뒤에 남겨진 외로운 저녁을 꾸리는 손길에는 두려운 가난이 깃들어 있었지요 눈치채지 못했어요 입에 담고 흘리던 노래가 아니었다면 그 많은 무명의 시간을 어떻게 견딜 수 있었을까요

　거기 있으라, 여기 머무르라 하던 목소리 여전하여 가슴을 파고드는 바람 소리 너머로 당신의 따뜻한 품이 그리워지는 가을이 왔습니다

막 기차가 떠났습니다

이제 막
기차가 떠났습니다
아득히 멀어져가는
뒷모습 기차의 임무가
끝났습니다
그대가 없어도
그대 생각에 오래 흔들려 보고 싶었습니다
밤도 소리 없이 깊어져
당신을 향해 떠나갑니다

그립다 말을 할까

눈을 감으면
창문을 두드리는 바람
그리움의 단어 한자 건지지 못하고 애써 덮으려 했던 날들
서둘러 떠나는 철새들의 날개짓
그립다 말을 할까

길을 걷다가
우수수 떨어지는 단풍잎 붉게 깔린 노을 아래서
죽은 자의 손짓처럼 산 자의 하루가 저무는 밤
그립다 말을 할까

속살로부터 움트는 봄

여러 장의 꽃잎을 지나
깊숙한 너의 몸 속으로 간다
검은 열매의 껍질을 벗기면 감춰진 씨앗의 숨소리
스스로 상처를 낸 자리 파릇한 싹
푸른 핏줄이 돌고 마른 가지 속살로부터
뜨거운 피로 돌아 나오는 그대라는 봄
빈 가지는 빈 가지만이 아니어서
겨울의 속살로부터 움이 돋는다
고요도 고요만이 아니어서

보이지 않는 뿌리로부터 들려오는
엄청난 박동의 펌프를 달고
땅속 물줄기를 끌어 올리는 그대라는 봄
어둠도 어둠만이 아니어서
길 건너 새벽은 오고

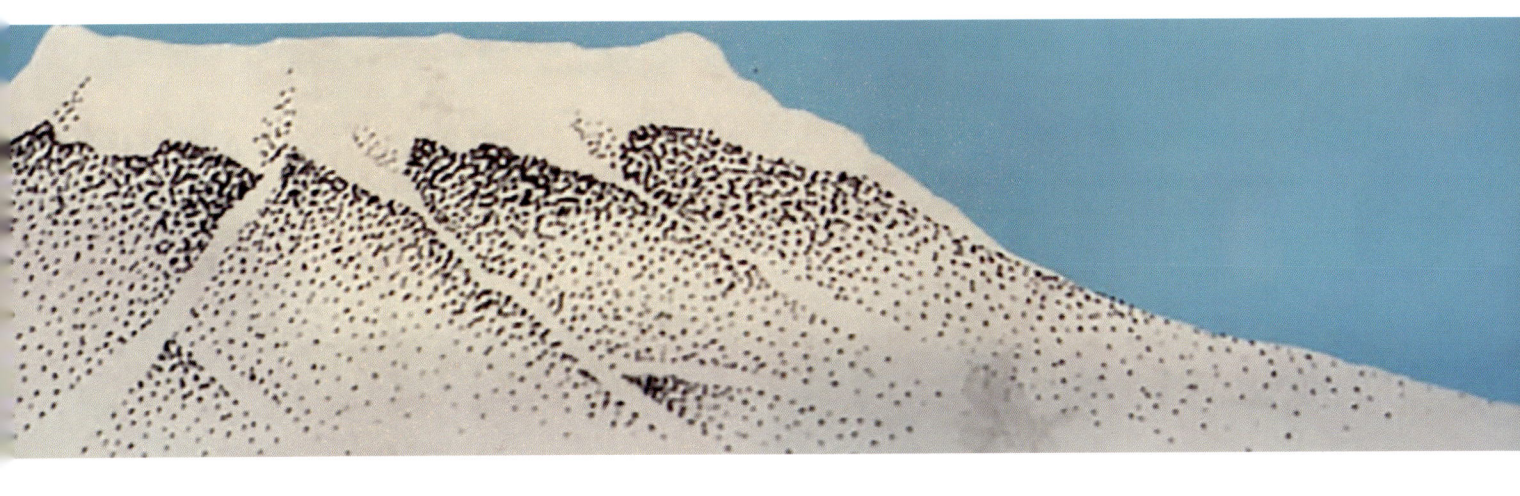

가지치기

죽은 가지에서부터
욕심을 버려야 할 시간 더 풍성한 가지를 꿈꾸며
생가지를 자르는 아픔의 시간
보상은 연둣빛 봄날 물오른 새싹에게서
찾아낼 일이다
살아있어도 죽어야 하는
잘려나간 나의 고뇌
푸릇한 열매로 맺혀
외로운 기다림의 뒤에 얻을 수 있는 꽃망울
가지치기의 영근 지혜 였었다

꽃을 그리는 시간

생각이 방울처럼 울려

노트 위에 언어로 그려지는 시간

사랑하기 위해 깨어나

수만 리 떨어진 그대를 내 앞으로 부르는 시간

떨어진 별들을 주워

깨끗한 선물을 만들고

넓은 강을 건너고 싶어지는 시간

지금, 이 영원의 한 자락이

커다란 캔버스를 펼치고

한 획 붓끝의 염원을 찾아가는 시간

기억의 창문을 열고

소리 없이 다가오는

바람의 소식을 읽어내는 시간

꽃을 그려보는 시간

사랑하기 위해

사랑하기 위해 깨어져야 할 것 같습니다
밤하늘 높이 뜬 별이었다가 떨어져 나뒹구는 꽃잎이었다가
주워든 한 알의 열매이었다가
사랑하기 위해 부서져야 할 것 같습니다
불 속으로 타오르는 절규였다가 아무것도 보이지 않는 밤이었다가
사랑하기 위해 오늘로 살아야 합니다
만남의 시간은 길지 않아도
아픔도 외로움도 삶 속에서 자라나는 향기였다가
낮은 곳으로 흐를 수 있는 용기였다가
부르는 음성에 귀 기울일 수 있도록

내가 사랑하는 너에게

　보이는 것만 보다가 보면 보이지 않는 것은 볼 수가 없고, 보이는 것만을 그리다 보면 보이지 않는 것은 그릴 수 없단다. 분주하다 보면 내 앞에 펼쳐진 길 밖엔 볼 수가 없으니 되도록이면 분주함에 빠지지 말거라.
　연분홍 릴리나 노란 수선화가 어느날 갑자기 꽃을 피우는 것은 아니란다. 싹을 내고도 한 매듭씩 자라나기를 쉬지 않는 뒤에서야 신비한 화관을 머리에 올리고 향기를 뿜어내는 것이란다.
　무엇을 내 생각만으로 이루려는 욕심도 버려야 한다. 치루어야 할 땀방울도 없이 성취의 기쁨을 가질 수 없음을 명심하거라. 그리고 고요히 기다림의 미학을 깨우치기 바란다. 유익한 것과 그렇지 않은 것들을 따로 떼어 구분할 필요도 없단다. 행복과 불행 역시 이분하지 말거라. 가난과 부유함도 알고 보면 그런 의미였단다.
　화가 나고 견딜 수 없어 무엇인가 부숴버리고 싶은 충동이 일어날 때도 있을 것이다. 잠시 그 앞에 고개를 숙이고 명상하여 보아라. 그때 들려오는 모든 소리에 귀 기울이다 보면 내 속에 살고 있는 초월의 세계가 너를 찾아오기도 할 것이니라.

지난밤의 비바람 속에 쓰러졌던 미미한 존재들의 비극을 아픈 손길로 어루만져 보아라. 그리고 또 한편으로 용서하는 마음과 위로의 자세가 너를 찾아 오도록 문을 열어 두어라. 사람의 이해로는 납득할 수 없는 사랑의 정원을 가꾸어 보려무나. 너를 위해 기도할 수 있는 기쁨을 준 너에게 깊이 감사 하련다, 내가 사랑하는 너여.

진흙 한 덩이

나의 몫이 있고 당신의 몫이 있습니다
나의 몫과 당신 몫은 나뉘어져 있어
내가 당신의 몫을 함부로 가져갈 수 없습니다
당신 몫으로 내 꽃만 피운 적 있습니다
보이는 것마다 내 몫인 줄 알았던 적도 있습니다
어느 때인가 나는
진흙 한 덩이에 불과했던 적이 있습니다
당신 손에 쥐여져서 당신의 물레질 뒤에
동그랗고 환한 그릇으로 태어난 적이 있습니다
 당신과 나의 두 몫이 어우러진 것입니다
내 몫의 진흙 한 덩이
당신에게 마음 놓고 내맡겨 준 뒤에 태어난 일이랍니다

설마 우리가 사는 세상은 아니겠지요

모두가 문을 잠그고
입을 막혔습니다
가까이 다가서다가도 깜짝 놀라 뒷걸음질을 칩니다
함께 대화할 수도 노래할 수도 없습니다
결혼식에도 장례식에도 갈 수 없습니다
창살 없는 감옥에서 살아야 합니다

그래도 여전히 창문 밖은 아름답습니다
새소리도 들려 옵니다 물안개도 피어 오릅니다
화단에 목련꽃도 피어 있습니다
왠지 눈물이 핑 도는 아침입니다

강물은 흘러가리니

마지막은 있나니
모든 것의 마지막은 있나니
그때엔 우리의 모름조차도
광명이 되어 보이는 것들을
선명하게 바라볼 수 있나니
너에게 허락되었던 내용과 시간
기쁨과 슬픔 감사와 평화 눈물까지도
사랑이 되리니
강물은 끝까지 흘러가리니

고요해야 할 때 누가 시킨다 하여 고요해지겠는가만 뼛속 깊이 불어 가는 바람을 보내야 할 때
그대 뒤에 숨어서 하루가 가고 마른 나무들의 가지에서 낙엽이 떨어지면
경계를 지우면서 슬로우모션 속의 풍경처럼 아직 그대를 바라보며 서 있는 한 그루 나무가 되어
지금은 누구라도 고요해야 할 때

제2부

고요
해야
할 때

작별 인사는 그렇게

작별 인사는 어떻게 하는 거지
수천 개 말로 이별을 고할 순 없지
깊은 잠에 든 것처럼 고요히 떠날 수 있으려나
원치 않는 물음은 꺼내야 하지 않겠지

작별 인사는 어떻게 하는 거지
햇살은 여전히 환한 미소로 떠다니고
당신과 나 사이의 간극엔
멍든 기억들이 희미해져 가겠지만
과거에 사로잡혀 있다는 건
현명한 일은 아닐테니까

작별 인사는 어떻게 하는 거지
조금씩 색을 잊어가는 망각 곁에서
무채색으로 변해가는 웃음소리도 멀어져 가도록
파도의 포말이 스러져가는 걸 바라보듯이
작별 인사는 그렇게 하는 거지

깊은 순간이 지나갑니다

 당신은 그곳에 서 있었습니다 당신이 그 자리에 없었을 뿐 나무 한 그루는 늘 그곳에 서 있었습니다 처음에 그 나무는 빈 몸이었다가 어느 날 흰 꽃을 한 아름 안고 와서 창문을 두드립니다 불현듯 창문 앞에 앉아서 머리를 묻고 힘들어 하였던 나는 나무의 뜻 밖의 고백으로 환하게 밝아집니다 우리들 모두는 떨어져 있고 서로의 허공 속에서 떨고 있었습니다 당신도 이제 창가에 나와 고즈넉이 앉아 보시기 바랍니다 지나가는 바람이 창문을 두드려주는 소리에 귀 기울여 보시기 바랍니다 혼자였던 당신이 문득 누군가를 가장 깊게 만나는 아름다운 순간이 이제 그곳을 지나갑니다

이별이라는 단어

이별이란 단어를 지워 버렸습니다

노을처럼 번지는 그리움으로 그대를 불러 봅니다

그리움은 늘 내게로 부터 시작되어 길이 됩니다

그 길의 끝에서 다시 나는 그대를 만나고 싶습니다

이별이란 단어는 맞지 않는 것입니다

기억의 창으로 더 절절히 만남을 끌어들이기 때문입니다

밤에서 아침까지

밤이 쌓이는 거리에 어둠이 내려앉고
하루 내 그대의 언저리를 헤매였지만 아무 마음도 얻지 못했습니다
이젠 어두워져 서로를 볼 수 없지만 그대의 마음 한 곁에서
그대의 노래를 듣고 싶습니다
옅은 빛들이 비추어 드는 새벽입니다
멀어만 보이는 그대의 마음 내 안으로 다가오는 신비로움
길이 아닌 곳으로는 걷지 않으리라
품지 말아야 할 마음은 버리리라
잠시 머물렀다 돌아갈 그대의 곁이기에
그대의 생각을 묻고 싶습니다

커피 한 잔 내려 뒤뜰로 나왔습니다
지난밤 맺힌 이슬이 나뭇잎마다 반짝입니다
그대의 손길이 지나간 자리입니다
하루의 생각은 시간 속으로 걸어와
다시 신선한 아침이 살아 오릅니다

창문 하나 있습니다

나의 마음엔
창문 하나 있습니다
어느 깨끗한 아침에 창문을 열면
희망과 수고와 탄성과 기쁨이
함께 자라는 정원이 보입니다
깊은 이해로부터
깊은 사랑으로부터
깊은 감사로부터
깊은 기쁨으로부터
우리를 멀어지게 하였던 건
불시에 찾아드는
시기와 질투와 욕망으로부터 시작되었습니다

익숙해질 때부터 시작되었습니다
계절을 반영하는 하늘의 빛깔도
시시각각 제 표정을 바꾸어주곤 합니다
숲이 아름다운 색깔을 내기 시작하였습니다
나의 하루도 당신 앞에서
당당하게 물들어가기를
내 마음의 창틀에 새겨보는 하루입니다

고요해야 할 때

고요해야 할 때
누가 시킨다 하여 고요해지겠는가만
뼛속 깊이 불어 가는 바람을 보내야 할 때 그럼에도 더 고요해야 한다면
그대 곁에 맴돌다 토해내는 나지막한 숨 혀를 문 침묵이어야 하리
빛나던 별빛은 사라지고 지금은 고요해야 할 때
그대 뒤에 숨어서 하루가 가고
마른 나무들의 가지에서 낙엽이 떨어지면
경계를 지우면서 슬로우모션 속의 풍경처럼
아직 그대를 바라보며 서 있는 한 그루 나무가 되어
지금은 누구라도 고요해야 할 때

봄

그대의 수고는
푸른 싹으로 온다
다 내어준 마음 닮아 거친 땅 가득히 온다
그대의 기도는 꽃으로 피어난다
아무도 모르는 사이 벙글어진 향기로 온다
내 것도 아니고 네 것도 아닌
이미 와 어우르는 그대의
수고와 기도 그윽한 손길로 온다

묻지 않기로 한다

1
잘 가라
내게 굴레를 씌웠던 모든 것들아
나는 뒤 돌아서서 말했다
고개를 드니 별들이 쏟아졌다
밤하늘 아래 나무들만 깨어 있었다
이리 와 내 옆에 앉아
나무는 잔가지를 흔들어 주었다
울타리 없는 자유에 눈물을 훔쳤다
사람이 아니어도 위로가 되는 마음이었다

2
잘 지내지?
지금쯤 잠들었을 너에게 간다
바람에 출렁이는 가지 끝에 매달린
위태로운 지탱
네 속에 내가 남아있는지
나를 기억하고 있었는지
이젠 묻지 않기로 한다
누구도 아닌 자기 걸음으로 걸어와
텅 빈 언덕에서 홀로 펼치는
아모르 파티(Amor fati)
여기까지 이젠 묻지 않기로 한다

3
곧 저물겠지?
내 마음을 훔쳐간 날
널 담을 수 없을 때는 밤하늘이 어두웠다
별 하나 남겨져 빛나고 있기를 바라지만
이젠 묻지 않기로 한다
살아가는 이유가 무엇 때문이라는 걸
이젠 더 이상 묻지 않기로 한다

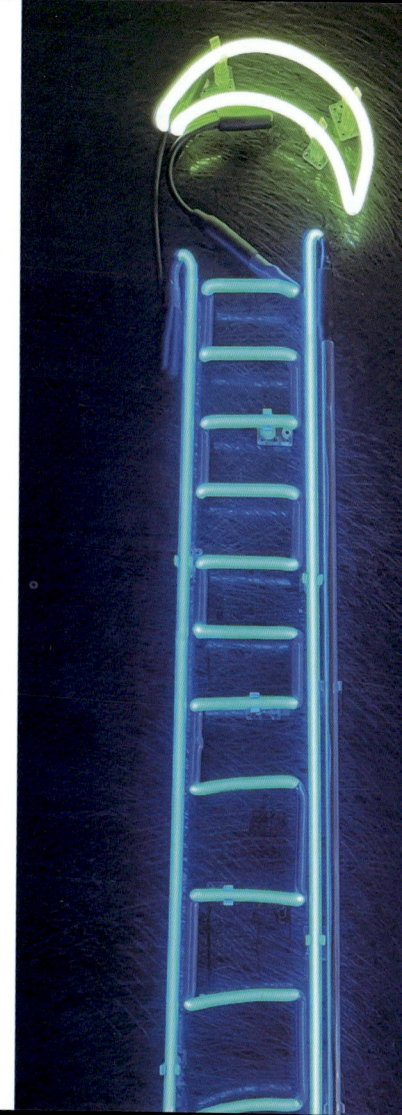

인생에게

벌 나비가 오지 않는다고
슬퍼하지 마라
때가 되면 꽃 피우면 된다 꿈을 펼치면 된다
옆에 핀 꽃향기에 고개 돌리지 마라
네가 피운 작은 꽃에서도
너만의 향기 피우면 된다

그림자를 잡을 수 없다고
너무 애쓰지 마라
오늘도 내일도 너를 향해 걸으면
그림자는 네 옆을 묵묵히 따라오리라

햇빛에 목이 마르는 갈증을 피하지 마라
장대같이 내리는 빗줄기의 꿈을 지녀라
아무데서나 손쉽게 고개 숙이지 마라
너를 부수고 너를 찢고 견디면
인생이 인생에게로 대답을 들려주는
날이 오리라

손을 잡는다는 것은

손을 잡는다는 것은
서로의 마음을 읽는 것이라서
내가 네가 되고 네가 내가 되는 순간이다
이마에 땀을 훔치고 허리를 펴면
환한 미소가 꽃처럼 찾아오는 것이라서
지난밤 비바람에 쓰러진 꽃대를 일으켜주는
당신의 손이 꽃나무의 손을 잡아주는 시간이다

힘에 겨운 나의 손 위에도 당신의 손이 포개지면
살아가야 할 남루한 하루가 다시 일어서는 것이다
잃어버린 또 하나의 나를 발견하는 것이다

손을 잡는다는 것은
하나의 아픔이 두 개의 아픔으로 줄어들어
어두운 터널을 지나 밝은 세상으로 나아가는 것이다
아무것도 얻을 수 없었던 빈 들이 변하여
생명의 싹이 돋아나는 것이다
보이지 않는 당신의 손이 내 마음에 잡힌다는 것은
더불어 함께 걸어 갈 새로운 길이 열린다는 것이다

함의(含意)에 대하여

바람이 분다
바람은 모든 사물을 흔들어 댄다
멈추지 않는 흔들림 속에 흔들리고 있다
바람을 따라 마음도 흔들리다 보면
내가 슬프면 너도 슬퍼야 하고
네가 기쁘면 나도 기뻐야 한다는 논리는 허망하다
바람은 흔들리면서도 속내는 드러내지 않는다
다만 소용돌이 속에 존재하다 사라지는 별이 될 뿐
내가 너였다가 그대로 네가 되어지는 빙의
문을 열고 밖으로 나오다 내 앞에 서 있는 너를 마주한다
아이는 아이의 말을 하고 어른은 어른의 말을 하고 있다
바람은 바람의 목적지를 향해 불어 가고 있다
나도 확실한 전제를 하고 있기에 함의(含意)에 도달하기 전 내 몸에 따라붙는 분진을 털어낼 수 있다

"안국역에서 내리실 분은 우측 도어를 이용해주시기 바랍니다"

"다음 역은 시카고 입니다"

바퀴가 소음을 내며 미끄러지다가 기차가 선다
하늘에서 떨어진 수많은 별들이 가슴을 파고든다
내려야 하는데 내 발은 우측 도어에서 너무 멀리에 있다

억새의 눈물

무서운 내 혀를 내밀어 교만을 뱉어내고 있었지
어제라는 시간의 굴레 거칠게 밀어내는 손 어디에서 굽어졌는지
들판을 물결처럼 드러내놓고 울음소리 이어지는 경계에서
몸을 뒤척일 때마다 깊어지는 가을입니다
눈을 들면 가을은 먹먹히 하늘을 가로 지릅니다
꼬리에 꼬리를 무는 산등성이에 숨어있는 까마득한 숲은 깊이를 알 수 없습니다
바람소리는 굵은 리듬을 타고 가쁜 숨을 내쉬며 가을을 벗겨 냅니다
일순처럼 눈에 들어오는 억새의 하얀 머리는 차라리 장관입니다
살포시 내려앉은 가는 햇살 위로 흔들리며 살아가야 할 억새의 눈물은 차라리 은빛 찬란입니다

멸치

꿈을 꾸었지
흰 밥 위에 얹혀져
뼈를 내어주는 은빛 바다의 함성
너에게로 주는 꿈을 꾸었지

화해

나는 이 길로 갔고 너는 그 길로 갔다

나는 그 길을 잘못된 길이라 생각했고 너는 이 길이 굽어 있다고 했다
한낮처럼 빛나는 날들이 흘러갔다 미로에서 우리는 꾸부정해져서 만났다
이 길도 그 길도 아닌 길로 걸으며 아무 말도 하지 않았다

먼 길을 돌아온 우리 나는 너에게 너는 나에게 울컥 내뱉은 거칠고
진한 호흡 다시 햇빛이 내려앉은 길 위에서 서로의 안부를 물었던 오후
늦지도 빠르지도 않게 서로에게 꺼내든 염려의 말

편지

편지를 쓰려고 합니다
손끝은 어색하지만
하얀 종이 위에 한 자 한 자 생각을 그려 봅니다
오래되어 잊었던 그리움입니다
언젠가 나를 흔들었던 눈물입니다
한낮 햇살 아래 난 벌써 당신 앞에 가 있습니다
키 큰 느티나무 한 그루 잎사귀를 떨며 흔들리는 오후
당신은 그 집의 싸리문을 나와 흐르는 개울가의 비탈에 앉아
내 편지를 읽으시겠지요

눈을 들어 먼 산을 바라보는 당신 눈가에
그렁그렁 이슬이 맺히는군요
시간이 긴 그림자 되어 흐릅니다
하루해가 뉘엿뉘엿 저물고
어둠이 올 때까지 움직이지 않으렵니다
시간의 흐름은 모나지 않게 다가와
나를 조금씩 채워 갑니다
마르지 않는 강이 되어
내 마음 깊은 곳으로 흘러갑니다

벌써 끝자락, 몽당 빛바랜 활동사진처럼 인생이 그래, 그런 거야
엄지와 인지를 모아 세운다 세상 어느 구석 삶의 어느 순간이 스며
석양을 물고 간 밤하늘처럼 은유된 삶의 메타포처럼 온몸을 하늘로 불사른
나의 사랑, 몽당

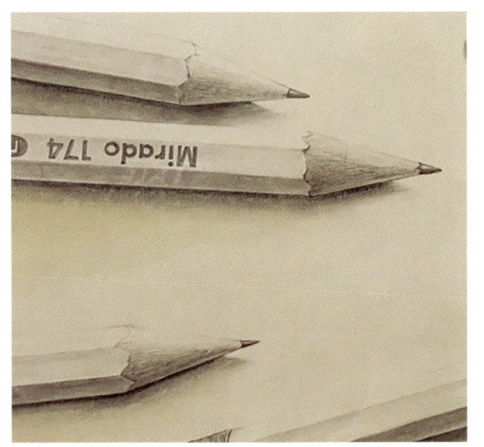

제3부

나의
사
랑,
몽당

별 하나 뜨는 날

노란 풍선을 들고 걷고 있었지
손을 잡고 같은 곳을 향해 가고 있던 날
마지막 멈춘 그곳에는 멀미가 날 것 같은 봄볕이 내려와 있었지

깊게 파인 땅 속으로 한 삽씩 흙을 부은 뒤에
돌아서서 서럽게 울었고
잔뜩 내려앉은 하늘 위로 하얀 나비가 한 마리 날아올랐지

지금도 내 마음에 별 하나 뜨는 날이 있지

겨울나무

바람은 나무에게 속삭입니다
"새 순은 언제 피울 거야?"
바람은 더 세게 나무를 흔들었어요
"예쁜 꽃망울은 언제 보여줄 거야?"
가랑비가 안개처럼 내리는 날
바람은 구릉을 스쳐 가고
나무는 침묵의 시간을 보내고 있었어요
고요한 겨울나무는
생명을 잉태하며 있었어요

기도

그대 소리는
바람에 담겨져 울림으로 오나니 그대 소리는
나보다 나를 잘 아는 소리가 되어
내 안에 강물이 되어 흐르나니 그대여
내 뜻대로 마시고
그대의 언어로 말하게 하여
이방인의 들녘을 채우는 기적이 되게 하소서

사월과 오월 사이로

서로 마주할 수 없다는 건
서로 견딜 수 없다는 말과 같네 누군가를 알고 싶다면
서로의 안에 있어야 하네
잊고 살았던 네게로 돌아가기 위해
함께 만나 함께 지낸 시간 속으로 강물이 되어 흘러가야만 하네
서로 만나고 서로 잃게 되면서
더 불어난 강물의 소리를 울려야 하네
삶의 어두운 부분을 드러내지 않으면
남은 삶의 부분이 밝음으로 자라나지 않기에
부딪히면서도 노래 부르는 강물로 돌아가려 하네

달의 명암이 달의 얼굴을 감싸듯이
희미해진 얼굴이 떠오를 땐
땅 위에 엎드려 흙을 고르듯이 잃어버린 내 얼굴을 찾아야 하네
풀을 뽑고 꽃을 가꾸고 나뭇가지를 다듬으며
우린 다시 같은 시선으로 바라보아야 하네
말을 숨기지 않아도 되는 아이처럼
시간을 되돌린 강물이 되어
사월과 오월 사이로 흐르는 노래가 되어
우리 다시 범람하는 강물이 되어야 하네

무당벌레

무당벌레 손등에 앉았다
어느 행성에서 머물다 온 별
딱딱한 껍질 속이 비치지 않아서 비밀을 넣어두면
은빛 날개를 펼쳐 날아가지
한 잎 우주의 섬으로
다리도 없이 건너와서는 둥그런 어깨가 휘어질 때
얇고 빛나는 날개
한 철의 유희를 쫓아 숲으로 간다
내용을 알 수 없는 점을 치러 간다

그리움으로 잠들다

뒤뜰 나무 밑에 매미 한 마리 죽어 있다
팔과 다리를 온통 가슴에 모으고
몸통의 맨 마지막에 붙은 꼬리까지
혼신으로 말려 죽어 있다

2555일
깜깜한 땅 속에서 숨을 새기며
진땀을 흘리며 눈물을 글썽이며
푸른 하늘을 그리워했을
그의 노래가 이렇게 끝이 났다

몇 밤인가 피워 올렸던
기쁨의 세레나데여

뒷뜰 나무 밑에 매미 한 마리 죽어 있다
온몸을 움츠린 채
그리움의 표상이 되어 잠들어 있다

이상과 현실 사이

빗방울이 떨어지는 길을 달려 호숫가에 도착했습니다
보석 같은 빗방울에 숨을 고르며 반짝이는 호수는
스스로 한 세계를 이룹니다 물결이 일고 파도를 일으킵니다
이상과 현실 사이 팽팽한 긴장이 열리고
그 사이로 한 사람이 뛰어 갑니다
그 사람의 뒤로 빗방울이 세차게 뿌려 집니다
그는 마침내 그 사람 시야에서 사라집니다

11월의 눈물

바람이 나에게 말해 주어요
너는 분명 봄에 피는 꽃일 거라고
나는 나무의 목을 껴안고 싶다고 대답했어요
뿌리까지 흘러내려 당신을 깨우고
봄으로 가는 길을 떠날 거라고
춤추다 사라지는 11월의 눈물이라 했어요
이제 나는 어디에서도 찾을 수 없어요
내 눈물은 바람 속에서 꽃으로 피어나 있을 거예요

어느 가을 숲

춤추거나 노래 부르지 않았다
낙엽은 어느 새 떨어져 발밑에 뒹굴었고
말없이 길을 걸었다

실패한 자여 가을 숲으로 가자
목마른 자여 눈부신 가을빛에 물들자
가을 숲에서 겉옷을 말리자
쉽사리 헹궈지지 않는 허물과 욕심
가을빛에 씻어 바람에게로 널자
낙엽이 쌓이고 우리의 시간도 쌓인다

이곳을 지나갔던 사람
그리고 이곳을 지나갈 사람
이곳을 모르는 사람들의 시간조차
가을 숲에서는 퇴적이 된다

어디를 향해 가고있는가
실패한 자만이 느낄 수 있는 깊은 어둠
목마른 자들이 동경했던 한 모금의 수원지
낙엽은 거리에서 아직 뒹굴고 있다

바람이 불어 가는 고요한 가을 숲
포도당 링겔을 수혈받는 병동의 창밖이다

바람의 하루

바람이 분다
바람은 손발이 없다
바람이 구른다
동그랗게 어깨를 말아 올린다

바람이 운다
소리 내어 우는 바람
바람의 성대가 떨린다
들꽃을 부둥켜안고 바람은
오래도록 운다

해가 지는데
바람의 집은 멀다
쉼 없는 자유
머물러 있기를 거부한 바람의 생이다

지금 여기
바람의 하루가
저문다

가을의 무릎

가을의 길목은 늘 아프다
표현할 수 없는 시간이 지나고 울고 서 있는 나무
멀리서 흔들리는 갈대숲

우리는 모른다
잎새 떨군 가지마다 걸려있는 공허를

가을의 길목은 늘 아프다
제 목을 스스로 꺾는 꽃들이며 저무는 들판의 소리를

가을의 길목은 늘 아프다
어둠 속을 건너가는 숨소리와 겸허한 순종의 무릎들

가시나무의 노래

어느 청년의 목에서 쏟아지는 절규
꽃이 필 자리에 가시로 맺혀
하나 떼어낼 때 터지는 외마디 비명
이젠 그 머리 위에 화관을 쓰고
한숨도 그치고 울음도 멈추어 기다려준 당신
품에 안기고 싶은 날 다 이루었다고 외치고 싶은
그 아침에 제 이름을 제가 불러보아도 되는 가시나무

꽃에게서 배운다

뜻 없이 피는 꽃은 없다
아무렇게나 자라는 꽃도 없다 꽃들은 온 힘을 다해 피고 진다
꽃피움을 보고 나를 보면 부끄러워지는 마음이 든다

사랑스럽지 않은 꽃은 없다
모든 꽃은 눈이 부시다
남을 위해 활짝 피어 제 얼굴로 웃는다
너의 모습을 보고 나를 보면 어쩐지 내 모습이 멋쩍어진다

틀림과 차이를 구별 못한 어제의 일도 꽃에게서 배운다
화해와 용서에 인색했던 지난날도
남루를 가려주며 피는 꽃에게로 묻는다

마지막 달력

내 역할은 여기까지입니다
늦은 밤 별들이 내 대신 노래할 겁니다
당신의 잠든 머리맡에 꽃병을 하나 놓아두고
옥빛 새벽으로 깨어나려고 합니다 뒤돌아보지 않을 겁니다
남아있는 별들을 향해 얼굴을 들겠습니다 빈들에 나가 서 있겠습니다
모르고도 살고 알고도 산다면 차라리 모름의 삶을 택하겠습니다
안다는 것으로 자유를 속박하지 않으려 합니다
춤추는 갈대와 바람과 별들을 향하여
빈들의 여백을 나누기로 합니다

나의 사랑, 몽당

깎아지고 부러지고 닳아지고
사라지고 남은 몽당 모양이 왜 그래
그래 내 모양이 좀 그래 인생이 그래
누군가 흔들어야 깨어날 뭉툭해진 몽당
간이역에서 기차를 탄다
차창을 따라오는 풍경에 시선을 빼앗긴 시간
낯선 간이역에 기차가 서고 몇은 내리고 몇은 오른다
여행 같은 삶, 삶 같은 여행
나타남과 사라짐 사이로 벌써 끝자락, 몽당
빛바랜 활동사진처럼 인생이 그래, 그런 거야

엄지와 인지를 모아 세운다
세상 어느 구석 삶의 어느 순간이 스며
석양을 몰고 간 밤하늘처럼
은유된 삶의 메타포처럼
온몸을 하늘로 불사른 나의 사랑, 몽당

삶은 선택이라지 태어나서 눈 감을 때까지 그 속에서 길이 생긴다지 그 길을 걸어가는 발자국이라지
눈길을 걷기도 해야 한다지 하얀 도화지 위에 그림을 남기는 시간이라지 화씨 -15도의 한계를 뛰어넘는
Birth와 Death 사이 Choice 호흡은 없어도 노래는 자라나서 봄이 가까울수록 치열한 하루가 오면
얼어붙은 가지 사이로 수채화처럼 채색되는 눈꽃 송이송이라지

제4부

그리운
이가
그리운
날엔

마지막 인사는

때가 되면 쥐었던 손을 놓아야 해요
너무 늦으면 힘들어지니 재촉할 수 있어요

높은 곳에서 낮은 곳으로 떨어지는
나뭇잎처럼

흘러가는 시냇물처럼
사랑했던 사람과의 마지막 인사는

세상엔

세상엔 아름다운 사람들이 사나 봅니다
자기를 태워 남을 위해 재가 되는 사람들 말입니다
그 때문에 오늘도 지구는 돌고 새벽이 오나 봅니다
세상엔 따뜻한 사람들이 사나 봅니다
자기 몫을 버리고 이웃의 손을 들어주는 사람들 말입니다
그 때문에 꽃이 피고 아침이 오나 봅니다
세상엔 깨끗한 사람들이 사나 봅니다
상처난 마음을 약손처럼 쓸어 주는 사람들 말입니다
그 때문에 별이 뜨고 상쾌한 아침이 오나 봅니다

노을은 호수가 되고

　노을은 호수가 되고 호수는 노을이 됩니다 서로에게 물들고 서로에게 잠겨 하나가 됩니다 오늘도 세상은 시끄럽고 편치 않아 보입니다 모두가 이기려하고 지려는 사람은 아무도 없습니다 누구나 누군가에게 무엇이 되어 살다 갑니다

　고요가 물들어가는 시간입니다 침묵 속에 서 있습니다 심장의 박동소리마저 디크리센트입니다 하늘의 은총은 밤하늘 가득 무수한 단어로 반짝입니다 위로와 감사의 문장들로 채워지는 밤하늘을 바라봅니다 잣나무와 물푸레나무가 함께 자라고 가르침이 없어도 제자리를 지키는 풍경은 만인의 스승입니다 심겨진 곳과 뿌려진 곳에 자라는 나무와 꽃들은 배우지 않고도 벌써 어른입니다 다른 이들의 자리를 부러워하거나, 탐하지 않는 호수는 노을이 되고 노을은 호수가 되는 그런 날들을 꿈꾸어도 좋을 것 같은 오늘입니다

그리운 이가 그리운 날엔

그리운 이가 그리운 날엔
마음속 호수에 파문이 일렁입니다 가까이 오는 발자국 소리인가
귓가에는 설렘이 서성입니다

그리운 이가 오시는 날엔
가지마다 송송 이슬이 맺혀 기다리는 이곳에서 당신이 계신 그곳까지
눈물 같은 꽃망울이 아롱댑니다

그대를 닮아있는 언덕 위엔
쓰러졌다가도 일어서는 들풀들이 머릿결을 한껏 그쪽으로 휘날립니다

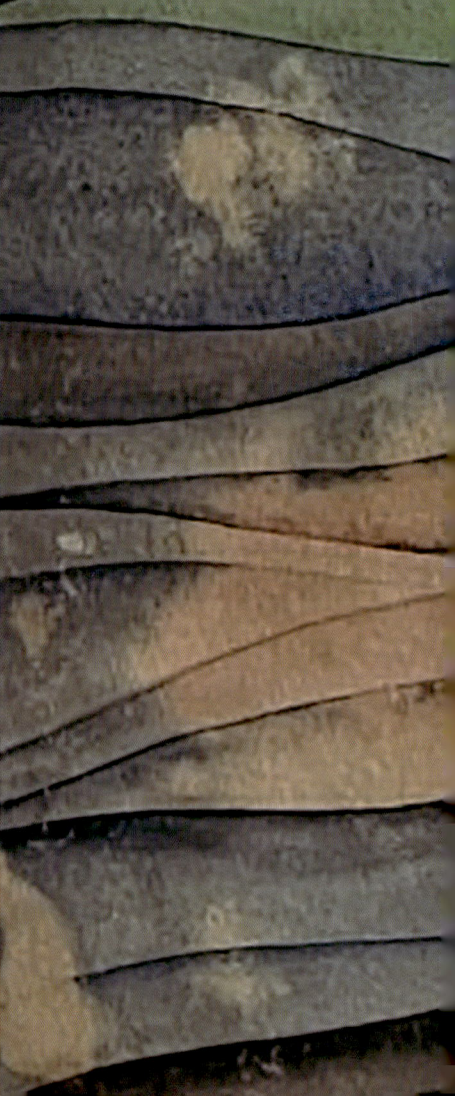

기도

뿌린 자와
거둔 자가
함께 머리 맞대어

뿌리로부터 길어 올려보는
깊고 푸른 샘물

B와 D 사이 C

삶은 선택이라지
태어나서 눈 감을 때까지 그 속에서 길이 생긴다지
그 길을 걸어가는 발자국이라지 눈길을 걷기도 해야 한다지
하얀 도화지 위에 그림을 남기는 시간이라지
화씨 -15도의 한계를 뛰어넘는
Birth와 Death 사이 Choice 호흡은 없어도 노래는 자라나서
봄이 가까울수록 치열한 하루가 오면
얼어붙은 가지 사이로 수채화처럼 채색되는 눈꽃 송이송이라지

꿈

나무는 내게 말을 걸어오지 않는다
눈보라가 쳐도 한 발자국도 움직이지 않았다 그대로의 나무였다

새들이 모여 재잘거리는 아침도 가고 한낮의 햇살도 사라진 저녁
등을 만지는 손길에 뒤돌아본다 창살을 통해 들어온 너의 긴 그림자
소통 없는 하루가 지나는 소리였다

멀어진 창가로 깊은 밤 눈길을 걸어
물결 같은 눈시울을 바라보다 잠들려 한다
내 등 뒤로 돌아오는 나무의 향기는
네 것이고 내 것이기에

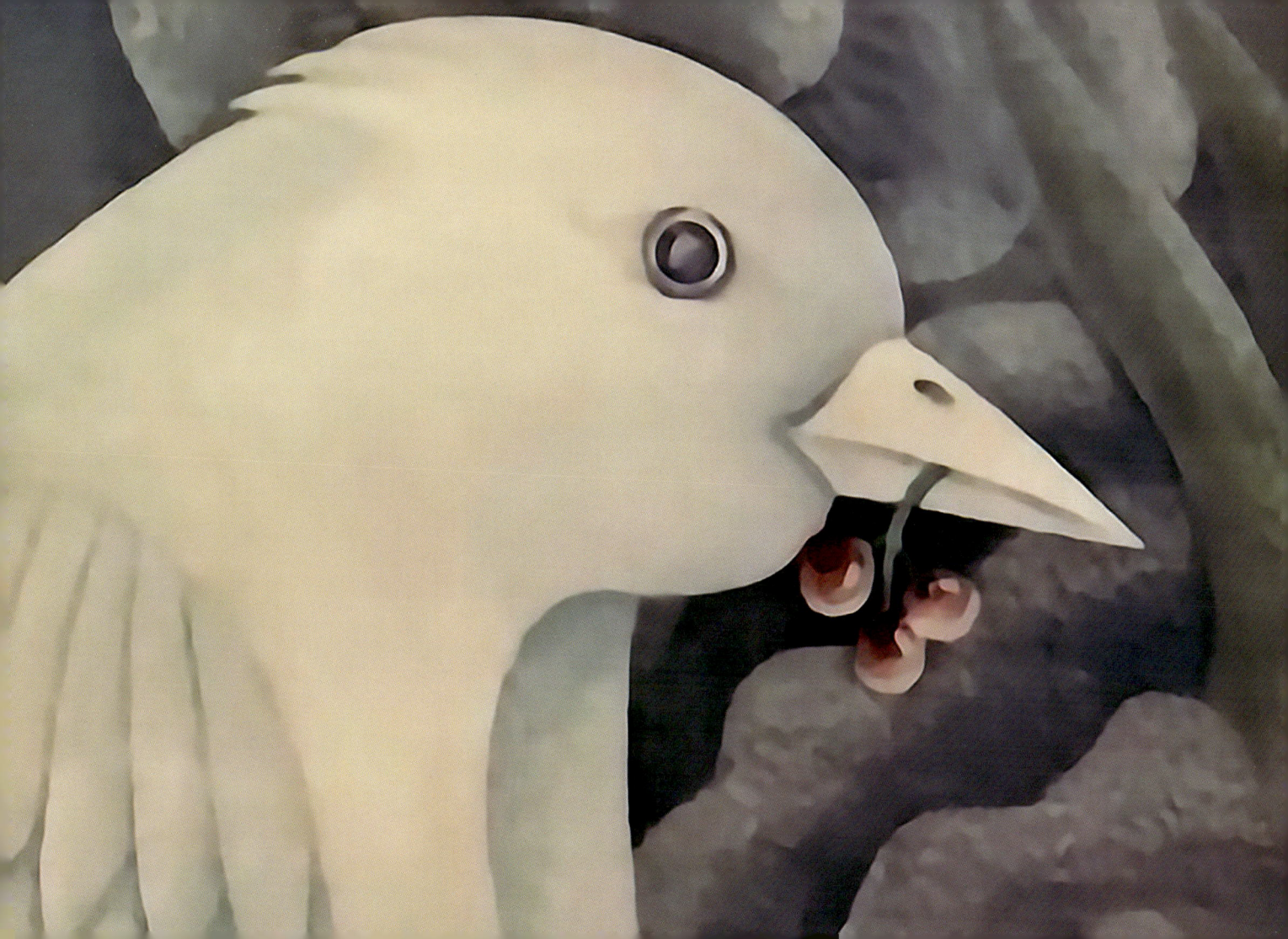

맹그로브 숲의 고요

1
물이 움직임을 멈출 때 숨도 멈추고 말아
물은 물을 잠재우고 나에게 저무는 고요
다리 긴 도요새는 정물처럼 숲 가운데 숨었다
맹그로브 뿌리에 물고기가 산란하고 산소를 뿜어내는 뿌리와 친해지는 시간
강기슭은 하얀 날개를 덮어 하늘이 되었다
빌딩의 숲이 답답하다던 너의 푸념은 정글의 숲으로 이어지는 흔적
강은 적막으로 오는 소리 없는 징후

2
별들의 눈물을 보았다
수면에 낳을 듯 노을로 가는 밤 별 새들의 잠자리가 되는 맹그로브 숲
가슴에 닿지 않은 쉽은 숨으로 쉴 수 없기에
바다를 만나는 강의 끝에서 부르는 너의 이름

물이 찰랑거릴 때 숨은
다시 멈추고 찾아드는 적멸의 소리
알 수 없는 것의 환한 소리들 맹그로브 숲의 고요

3
노을이 지면 안 되는 거야
밤이 찾아 오면 안 되는 거야
가난한 사람들의 우산처럼
너라는 통증을 견디고 있는 중
나는 닫혀 있고 너는 열려 있다면
나는 열려 있고 너는 닫혀 있다면
반나절은 네게 기대고 반나절은 내게로 기우는
쉬지 않고 그리워할 수 있으니

*나무뿌리가 나무 몸통에서 길게 자라는 나무

이명

네게로 갔다
기울어진 자정을 넘어 흔들리며 밤길을 갔다
별빛이 내어준 가느다란 길을 따라 두 눈을 감고 네게로 갔다
너의 얼굴이 희미해져 눈가를 훔치며 갔다
첫발을 떼면 다음 길이 만들어지는 신기한 길을 따라 나는 네게로 가고 있다

별빛 쏟아지는 새벽이 되어서야 잠이 들었고
암호 같은 시간을 해독하지 못한 채 잠이 깼다
네 눈에 그늘이 지는 건 원치 않았기에
육신이 피곤해져 쉬어야겠다는 말에 마음이 아팠다 종소리가 들린다
모든 걸음은 돌려받지 못할 상처가 되기도 하였겠지만 쓸린 상처보다 깊은 그리움의 상처
겨울비 소리 가까이 들리는데 또 하루가 저무는 소리

생일

베개를 베고 누우면 별 하나가 보인다
오늘 그 별 빛이 흔들리는 촛불 같다 그 별이 아프다

엄마는 밤차를 타고 대전역을 출발하셨다
나는 누나와 함께 산 너머 들리는 기적소리에
엄마가 온다고 밤을 새웠다
밤새 기차는 달려 왔고 잠든 나의 볼에 엄마가 왔다

길게 꼬리를 내리며 사라지는 별들 사이로
그 별은 오늘도 그 자리를 떠나지 못했다

다 주고도 모자라 빛을 태우는
엄마는 그렇게 별이 되었다

아버지 돌아가시고 맞은 생일날
엄마는 시장을 다녀오셨다
고깔 밤 과자 한 봉지, 별 사탕 한 봉지, 동물과자 한 봉지
껍질 깐 땅콩을 작은 상에 올려주셨다
저금통을 깨고 산 하얀 하루의 시간이
내 손에서 울고 있었다

바람의 흔적

1

　바람보다 더 바람 같은 흔적이 분다 기억보다 더 선명한 기억이 스친다 모두 숨었고 색깔은 바래졌다 그곳에 머물러 바람처럼 흔들리고 있는 숨이 답답했다 밭은 기침이 났다 흔들리는 지하철 Kimball 역 Brown Line 맨 끝 칸 창가에 뚝 떼어내는 외로운 섬 같은 이방인. 육중한 쇠바퀴가 긴 선로를 미끄러져 간다 납작해진 선로 위로 시야에서 사라진다 소리없이 엎드린 절규도 멀어진다 새의 호흡에 매달린 심장만 팔딱인다

2

　흔적이거나, 기억이거나, 망각이었다가, 현실로 돌아오는 것 낯선 거리에 내몰린 그 해 가을이 그랬다 아무도 반갑지 않았고 다가서지도 않았다 모두가 있는 자리에 나는 존재하지 않았다 바람결 끝자리, 세찬

바람이 복서의 매서운 주먹같이 나뭇가지를 꺾고 잎사귀를 떨구며 몰려왔다 꼬리를 끌고 멀어지는 바람에 등을 내밀었다 부러진 가지와 떨어진 잎사귀들은 바람의 흔적이었다

3
　잠들 수 없는 새벽은 날개를 펄럭이며 타임머신을 탄다 먹먹함, 쓸쓸함, 아득함, 누구도 엿볼 수 없는 그 비밀의 원죄들, 사라지는 세월의 흔적들, 지워지는 브라운 라인 맨 끝 칸 창가에 부딪쳐 오는 나의 분신, 나는 아직 살아있었다 깨어난 새벽에 바람보다 더 바람 같은 새의 날개를 붙잡고, 나는 시카고 미시간 호수 위 푸르고 깊은 하늘을 날고 있다

이별 연습

저무는 시간은 친근하고도 서글프게 다가왔다
빛 머금은 꽃잎같이 아름다워서
만져 보고 싶은 얼굴이 되기도 하였다
내 손은 당신 손끝에 닿았는데
나의 자리로 돌아와야만 하는 저녁이 싫었다
모든 게 지나치면 병이 된다는 말도 싫었다

당신이라는 세상에서 가장 따뜻한 꿈을 꾸고 싶었다
하나의 별이 몸속으로 내려앉는 꿈을 꾸었다
몸보다 마음이 먼저 가시가 된 당신
푸른 멍은 아픔이 되었다

가까이 다가오는 발자국 소리
나를 허물고 가는 세월의 헛기침 소리
저무려져 가는 시간은 소리도 없이 빠져나가고 있는데
흩어지는 한 무리의 흰 새들
당신의 숨결로 남아있는 가장 뜨거웠던 시간

기적

푸른 문장에 손을 베었다
눈 속은 붉게 물들어 갔다
가을의 시를 들려주기 위해 호수 바람을 따라 걷는다

밤하늘 너머 빛이 있는 그곳에서
당신의 행간을 따라 걷고 있다
죽지 않았기에 볼 수 있다는 노을이 운다 내가 버릴 뻔했던 푸른 문장
눈보라 쏟아지던 밤기차의 붉은 기적 소리
세상은 빗장을 걸고 잠들었는데 자맥질하듯 핸들이 미끄러진다

단풍 같은 눈이 내린다
새들은 날아오르고 즈믄밤 바람 소리에 뒷모습의 이름과 물결 소리를 듣는다

다짐

백석이 되어 시를 읽고 또 읽었다
하늘이 눈송이로 변해버린 날도 지나고
산타 모자를 쓴 뱁새도 날아간 새해 아침
미시간 호수의 얼어붙은 모래사장을 밟으며
외롭고 높고 쓸쓸하게 살자고 다짐했다
멀고 먼 길을 완성하기 위해 외로운 길을 가자고 했다
길의 끝까지 걷기 위해 신발 끈을 고쳐 매자고 했다
왜 우냐고 물었다
옆으로만 걸어 마주한 눈빛을 기억할 수 없어서라고
파도는 외롭고 높고 쓸쓸하게 발 앞에 부서졌다

푸른 기억은 호수가에 진눈깨비로 뿌려지고
영근 포말은 삭혀지리라 꿈꾸지도 않았다
모든 것들은 흐르다 멈추고,
잠들다 깨어날 것이다

*이생진 시인의 시「백석이 되어」

그대의 문

나는 그대의 문 앞에 턱을 괴고 앉아 있어요
그대의 문이 열리길 기다리며
언덕 너머 순한 바람에 실려 그대의 열려진 문 앞에서
그대의 문안으로 들어가 나의 문과 그대의 문이 통해져서
그대를 만나고, 그대를 사랑하고
지는 노을에 기대어 밤을 맞이하고 싶으오
 노을 빛 고운 하늘을 보다
지나온 슬픔과 이루지 못한 행복도 어둠에 묻고
그대가 잠들면 내 팔을 내어주고
밤하늘 빛나는 별을 헤아리고 싶으오

그대의 문 앞에서 이른 목련의 행복도
밤사이 낙화한 매화의 아픔도 전하고 싶으오
그대의 눈물로 슬프고, 그대의 웃음으로 환해지는
그대의 문 앞에서 나의 계절을 맞이하고 싶으오
한 번도 만나본 적 없는,
그러나 전부를 다 알 것만 같은 그대를
그대의 문 앞에 턱을 괴고 앉아 기다리고 있으오

눈이 녹고 봄이 오고 있다. 젖은 낙엽을 들추니 뾰족하게 돋은 싹들 나뭇가지 끝마다 움트는 생명
한결 같이 햇빛 쪽으로 봄은 5도 기울어져 온다. 엄마 품에 기대 찍은 바랜 사진을 보고 알았다.
내 몸도 5도 기울어져 있었다는 것을. 눈 덮인 겨울 나의 봄은 싹을 품었고
한결 같이 햇빛 쪽으로 기울었던 그리움 만큼 봄은 5도 기울어져 온다.

제5부

꽃이 되었으면

봄이 오는 것은 겨울이 지나서가 아니다

봄이 오는 것은 겨울이 지나서가 아니다
단단한 내가 녹을 때 비로소 오는 것이다
망령되고 헛된 신화를 말하지 말라
오늘 눈을 뜨지 않으면 봄은 오지 않는다
꽃이 핀다고 봄이 오는 건 아니다
마른 나무에 눈물처럼 움이 튼다고
봄이 오는 것도 아니다
이른 아침 새의 노래가 창가에 들려도
봄으로 살지 않으면 봄은 오지 않는다
계절이 바뀌어도 모르고 지나는
헛되고 헛된 세월이라면
겨울의 강물이 얼음장 밑을 흐른다고

봄이 오는 것은 아니다
마음이 굳어 봄을 향해 자유하지 않으면
영영 봄은 내게 오지 않는다
봄을 향해 온몸으로 밀고 나아간 자만이
봄을 향해 목메어 소리친 자만이
봄을 기다리며 눈물로 씨뿌린 자만이
뿌리가 되어 눈빛 고운 전령이 되어
혼신의 마음으로 꽃피우는
봄을 대면하지 않겠는가

화분갈이

미루고 미루다 화분갈이를 한다
삼십 년 같이 살고 있는 너를 꺼내어 침묵을 털어 내고
잔뿌리를 자르고 새 흙을 덮어 주었다
기다림 끝에 새싹을 얻고 밑둥에서부터 새 가지와 푸른 잎이 돋아났다
인생의 전환점도 그런 것이 아닐까
몇 번은 다치고 다시 또 추스리다 보면 삶의 새꽃이 피어나곤 하였다

거슬러 흐르지 못하는 것이 강물이더라 스쳐가는 바람이더라
살아간다는 것은 시간과 풍경에 의미를 주어 더러는 가장 힘겨운 날에
화분갈이를 하는 것
죽은 가지를 잘라내고 굳은 흙을 털어내어 새 숨결을 불어넣어 보는 일

나의 봄에도 찾아올지 모를 푸른 너의 얼굴이 보고 싶은 날
미루고 미루어 왔던 침묵을 털어내고
화분갈이를 한다

겨울 문턱에서

어느 한 사람은 열정이라 하고
다른 사람은 관심이라고 했다
말에도 온도가 있듯이 사람에게도 온도가 있다
높고 낮음에 따라 죽기도 하고 살아나기도 한다
서로의 동선이 어긋나기 시작할 때
그리움은 막다른 골목 끝까지 퍼져나갔고
그곳에 집 한 채를 지으려 매일 잠을 설쳤다
쌓다가 허물고 또 허물어 내린 기억들을 모아
다시 집을 짓는다
발 뻗으면 닿을 만큼의 불편한 집을 짓는다
쉬지 않고 집을 지었다
많은 일들이 일어났고

또 많은 것들이 버려져야 했다
꺼져가던 불꽃이
다시 타오르는 꿈을 꾸어도 좋았기에
그 불꽃을 보듬으며 사는 것도
삶의 이유가 되기도 했다
천장의 휘장이 두 쪽으로 갈라지는
겨울 문턱에서
새벽 밀물처럼 밀려 왔다
썰물처럼 빠져나가는 심연의 기억들
왜 그렇게 서둘러 갔느냐고 묻고 있었다

마지막 순수

세상을 바라보는 눈은 참 신기했다 내가 바라보고자 하는 것만 보였다
유독 다가오는 것은 모습뿐 아니라 생각의 틀까지 닮았다
나는 눈을 뜨고도 심하게 넘어졌다 서로의 간극이 넓어서일까
바다와 하늘은 멀어도 맞닿아 있는데 서로의 모습으로 닮아가고 있는데
자유롭지 못한 내 잘못이었다
슬픔은 무겁게 짊어져야 할 멍에란 생각에 잠을 설쳤다
자유를 침해하는 무례는 받아들이기 힘든 짐이 되었으리라
겨울이 가고 봄이 오면 지독한 열병에서 다시 태어나
당신의 세상에 머물 수 있다면
미세한 음성으로 푸르게 피어나는 내 마지막 순수

비오는 날 동그라미

　　호수 과녁의 중앙을 정조준하는 빗방울 아버지는 날마다 시작점에서 출발해 큰 원을 그리듯 집으로 돌아오셨다. 지난 늦가을 울며 떠난 철새가 봄에 날개를 퍼득이며 큰눈에 화색이 가득하여 돌아오고 아랫마을 사람들은 서로의 구심점에서 멀어질수록 마음에 상처를 받았다. 피아노 건반이 빗소리처럼 창문을 두드리는데 LP 속 레오날드 코엔의 수잔이 흘러 나오는, 초생달처럼 잘 깎은 사과를 담은 동그란 접시를 문지방 밑으로 밀어 넣고 가버리는 오후 하늘엔 찌르라미가 목탄가루 불꽃처럼 타오르고 라일락 꽃향기 온몸에 가득하여 바람의 발자국들이 동그란 기억을 소환하고 있다.

　　동그라미처럼 당신이 왔다. 호수는 비바람에 젖어 내 마음을 비춘다. 하얀 반달이 내 등을 토닥거리며 가까이 온다. 조금만 더 빛을 전해 줘 더 자세히 네 얼굴을 보고 싶어 오늘도 달리는 타이어에 마모된 깊은 주름을 감추고 방문을 연다. 생생하게 돌아가던 팽이가 갑자기 뒤뚱거리다 옆으로 처박히고 교회당 종탑 아래 스텐그라스 창문에서는 베드로가 걸어 나온다. 두 팔을 위로 젖히며 푸른 하늘에 긴꼬리 땅새가 큰 원을 그리며 날아 갔다가 되돌아 온다.

　　아버지가 그랬듯이 세 꼭짓점을 찍고 큰 원을 돌아 무사히 집으로 왔다. 창문을 두드리는 빗소리처럼 방문을 노크한다. 게 아무도 없소? 소리는 동그랗게 내게로 돌아왔다. 호수는 빗방울로 동그라미를 쉬지 않고 그리는 어느 날 오랫동안 동그라미에 갇혀있던 사람이 굴렁쇠를 굴리며 동그라미를 빠져나와 빗속으로 걸어갔다.

꽃이 되었으면

1

바람에 일렁이던 들풀은 마침내 꽃을 피웠다. 눈을 감았다 뜬 짧은 그 순간 바람은 부르르 몸을 떨었다. 향기 같은 절정이 들판에 하얀 눈처럼 번졌다. 들꽃은 송이송이 번지는 물보라의 환희, 몸속 가득 작은 입자가 탄산수처럼 피어오른다. 두 다리에 힘을 주고 빨래처럼 몸을 비틀어서라도 마른 장작 타오르는 순간처럼 안으로 몽롱해져 가다가 정신을 놓았다. 어디쯤인가 꽃이 되었으면.

2

주인은 태초부터 이곳에 없었다 희미한 것들은 먼 곳에서 바람 되어 불고 세포가 꽃을 피우며 일어설 때 틀에 갇힌 통념을 깨고 거리를 유지한다는 것은 호두 알을 깨무는 일처럼 지끈거린다. 지친 하루 저물어 가는 어둠은 익숙해져 거침없이 온몸을 눌러 온다. 손가락 마디마디 튀어나온 굳은살만큼 붉어진 피로 노송의 깊은 껍질, 깊은 한숨이 떨어지는 낙엽처럼 바닥에 뒹굴었다. 빈 들에서 슬픔이 몰려오고 있다.

3

　시간이란 정의를 잃어버린 후에야 꽃이 보이듯 네가 보였다. 노송처럼 세월을 외면하며 서 있는 너를 만지듯 꽃을 만지는 내내 바람은 춤을 추었다. 꽃을 담은 수정체 속에 파란 하늘이 보이고 바람이 일렁이고 멀리 뒤돌아가는 노을 언저리 지친 하루가 허리를 꾸부정하게 지나가고 있었다. 흩어져 있던 시간의 조각들이 두 팔로 목을 감싸고 부르르 몸을 터는 더듬이 긴 곤충의 느린 시간 바람이 불어올 때마다 하얀 속살을 드러내는 들꽃들의 무수한 언어의 유희에 맞춰 언덕이 모로눕고 너는 내 속에서 꽃이 되었다.

빈 들은 빈 들이 아닙니다

빈 들이라 하지만 빈 곳은 없습니다
땅속에는 셀 수 없는 씨앗이 잠자고 그곳을 걸을 때마다 발바닥이 간지러워요
발끝을 세워 걸어야 해요
한 톨의 씨앗도 깨워선 안 되니까요
봄에 깨어나기 위해 씨앗들은 잠들어 있겠지요
빈들에도 셀 수 없는 단어들이 잠들어 있어요
그를 깨울 때는 그는 깊이 잠들었고 그가 나를 깨울 때는 너무 멀리 있었어요
그와 내가 만날 특별한 시간과 장소는 없어요
걷고 있는 이 길에서 이루어지는 만남이 바로 그 시간이겠죠
깨어날 수 없는 씨앗의 고뇌를 알죠

흔들어 깨우는 나를 나무라진 마세요
삶의 여러 갈래 길에서 만날 당신, 꿈틀거려만 주세요

봄을 기다리는, 빛나는 초록을 꿈꾸는 빈 들은
빈 들이 아니랍니다 나와 네가 만나 피워낼
꽃 한 송이, 별 하나 품고 잠든 빈들은 빈들이 아니랍니다

호수가 울었다

1

  세상은 색과 빛으로 가득하다 무리져서 화려한 색들을 뽐내기도 하고 때론 영롱한 빛으로 살아나기도 한다. 당신은 색으로 가득하여 당신에게로 가는 길은 빛의 공간과 들판에서 쏟아져 내리기도 한다. 살아가는 것은 색과 빛으로 명명되기도 하고 시간을 지휘하는 손으로 달의 변주곡을 연주하기도 한다. 바람이 스치고 간 데이지 꽃망울 속에 다른 우주에서 태어나는 무음 무색의 시간들을 그려보게 한다. 죽어있는 것에 색과 빛으로 채워져 자전하고 주변과 함께 공전하는 것이다. 먼 길에서 돌아와 호숫가를 걸었다. 떠나기 전 만개했던 벚꽃 잎이 바람에 우수수 떨어지듯 우리가 사랑한 것들은 언젠가 떠난다. 그것이 풍경이든, 사람이든, 꽃이든. 하얀 벚꽃 잎 떨구고 간 바람에 호수가 울었다.

2

아름다움과 현실은 가장 먼 과거와 가장 먼 미래. 잠들 것은 잠들고 깨어날 것은 깨어나도록 담장으로 줄기가 기어오르는 아르느보의 밤. 당신이 누구이든 당신이 어디에 있든 한 계단 한 계단 오르다 보면 당신을 만나게 된다. 아름다움과 현실은 자신의 몫, 자신을 있게 한 스승이요, 친구요, 연인. 지극한 평범함 속에서 특별함을 찾아내는 눈. 흐르는 시간 속으로 유영하다 문득 마주한 풍경을 바라보게 되는 것. 우리가 사랑한 것이 떠날지라도 먼 과거와 미래 사이 그곳을 걷는 걸음으로 남겨지는 것. 흔들리는 나를 멀리 바라보게 되는 것이다. 풍경이든 사람이든 꽃이든, 하얀 벚꽃 잎 우수수 떨구고 간 바람에 호수가 울었다.

봄은 5도 기울어져 온다

눈이 녹고 봄이 오고 있다. 젖은 낙엽을 들추니 뾰족이 돋은 싹들 나뭇가지 끝마다 움트는 생명 한결 같이 햇빛 쪽으로 봄은 5도 기울어져 온다.

엄마 품에 기대 찍은 바랜 사진을 보고 알았다. 내 몸도 5도 기울어져 있었다는 것을. 눈 덮인 겨울 나의 봄은 싹을 품었고 한결 같이 햇빛 쪽으로 기울었던 그리움만큼 봄은 5도 기울어져 온다.

눈이 펑펑 내리는 날

눈이 펑펑 내리는 날 그대의 봄을 생각하오
아무 말 없이 덮어버리는 그대의 봄 꿈에서 조차 만날 수 없는 동화 같은,
눈을 뜰 수밖에 없는 그대의 봄은 안녕하신지
나는 멀리서 눈처럼 쌓일 것이니
얼어붙은 발아래 그대의 길을 찾아 그대의 봄은 온몸으로 걸어올 것이니
나는 창문을 열고 그대를 지켜볼 일이오
봄의 왈츠가 귓가를 스치는 날까지 깨어 있어 주시길
나는 멀리서 눈처럼 쌓일 것이니
하얀 적막이 불러내는 그대의 봄
보이지 않는 곳에서 기지개를 펴는 그대의 봄 말이오

해설

별을 세고 난 뒤에 부르는 사랑의 노래

정윤천(시인)

해설

별을 세고 난 뒤에 부르는 사랑의 노래
– 신호철 시화집에 나타난 서정적 자아를 찾아서

정윤천(시인)

그 찰나에 꺼졌다 살아났다
너의 얼굴은
그만큼 불안하다

번개처럼
번개처럼
금이 간 너의 얼굴은
– 김수영, 「사랑」 부분

시인 김수영은 사랑의 담론을 살피려는 소소한 자리에서 까지도 유력하며 유효해 보인다. 이는 커다란 동체에서는 커다란 그림자가 어린다는 맥락과도 같은 것이었다.
　한편으론 신호철 시인의 '연시'풍이거나 목가적인 시적 진술들 앞으로 김수영을 짧게 소환해 보았던 것은, 자칫 사랑에 관한 필자의 통설이 통속에 기울지 않기를 바라는 자세일 수 있었다.
　시카고 킴볼역에서 출발하여 한국의 안국역까지 오려면 시간이 얼마나 걸리겠는지. 신호철 시인의 시심의 여정은 멀기도 가깝기도 한 자신만의 시공에 걸쳐져 있었다. 그렇게 그가 출발한 역이나 닿고자 하였던 심리적인 역은 어쩌면 지도상의 역들이 아니었다.
　시집의 전편에 드러난 특유의 그리움이거나 기다림의 대상 역시 어딘지 추상의 경계에 놓여 있는 듯이 보인다. 세상을 먼저 떠나간 어머니인지, 일생을 함께 동행해온 아내와 가족들인지, 불가능한 인연 속에 남아있는 연민들이었을지, 아니라면 오랫동안 추구해 온 자신의 이데아였을지 등등으로 해석될 수 있었다. 어쨌든 시 속의 대상은 닿기 어려운 상태이거나 돌아가기가 불가능한 '있고도 없는' 존재들이다.

　시와 시인은 불가능한 것들 사이로 자신의 길을 지어가는 맹목성이라 할 수 있다. 그것들이 구하려는 창조의 세계는 무수한 장애와 훼절 속에서 이루어지는 회색의 운명들이 대부분이다. 만일 시와 시인이 그런 불가능성에 도전하거나 돌파해오지 않았다면 그것은 사실 진정한 의미의 창조가 아닐 수 있었다. 창조자(시인)는 자기 특유의 불우와 상처를 극복해내려는 뼈아픈 위치에 서 있는 자들이라는 관점에서 보면, 신호철 시인의 아름답고도 쓰라린 시들은 나비처럼 매미처럼 슬픈 동체들이기도 하였다.
  그의 노래들의 면면에는 불가능에 대해 포기하지 않는 의지가 끈질기게 함의 되어 연속하는 중이다. "순간의 주체"로서 동작과 행위들이 행간의 여기저기에 별처럼 반짝이는 서늘한 눈매를 밝히며 있다.

    바람이 분다
    바람은 모든 사물을 흔들어댄다
    멈추지 않는 흔들림 속에 흔들리고 있다
    바람을 따라 마음도 흔들리다 보면
    내가 슬프면 너도 슬퍼야 하고
    네가 기쁘면 나도 기뻐야 한다는 논리는 허망하다
    바람은 흔들리면서도 속내는 드러내지 않는다
    다만 소용돌이 속에 존재하다 사라지는 별이 될 뿐
    내가 너였다가 그대로 네가 되어지는 빙의
    문을 열고 밖으로 나오다 내 앞에 서 있는 너를 마주한다
    아이는 아이의 말을 하고 어른은 어른의 말을 하고 있다
    바람은 바람의 목적지를 향해 불어 가고 있다
    나도 확실한 전제를 하고 있기에 함의(含意)에 도달하기 전
    내 몸에 따라붙는 분진을 털어낼 수 있다

"안국역에서 내리실 분은 우측 도어를 이용해주시기 바랍니다"

"다음 역은 시카고 입니다"

바퀴가 소음을 내며 미끄러지다가 기차가 선다
하늘에서 떨어진 수많은 별들이 가슴을 파고든다
내려야 하는데 내 발은 우측 도어에서 너무 멀리에 있다
- 「함의(含意)에 대하여」 전문

"바람이 분다/ 바람은 모든 사물을 흔들어댄다/ 멈추지 않는 흔들림 속에 흔들리고 있다"라는 도입부를 읽다 보면 예의 김수영의 "풀"이 떠오른다. 그의 "풀"에서 흔들리게 하고 눕게 하는 본질은 바람이 아니라 "풀"이라는 각성을 일으키며 있다는 점에 유의해 보기로 하자. 위의 인용시에서도 화자의 목소리 역시 "바람을 따라 마음도 흔들리"는 논리가 허망하다는 반향을 촉발시키며 있었다. 인연의 바람에 의해 관계로서 만나지는 연기(緣起), "내가 너였다가 그대로 네가 되어지는" 순간에의 각성이다. 그 복잡한 인연의 그물망 속에서 "아이는 아이의 말을 하고 어른은 어른의 말을 하고 있다". 아이의 "말"과 어른의 "말"은 일견 불통하면서도 소통하는 인생사적인 길항의 의미로 자리 잡는다.

시인으로서 언어소통의 어려움에 대하여 고민해보지 않은 시인은 드물것이다. 소통의 도구인 언어는 한계를 가지고 있고, 화자인 나조차도 언제나 "확실한 전제를 하고 있기에 함의(含意)에 도달하기 전 내 몸에 따라붙는 분진들", 인연들, 오해들을 털어낼 수 있다고 생각한다. 그래서 나와 너, 아이와 어른, 바람과 사물, 상대적인 둘 사이의 거리는 안국역과 시카고 킴볼역 만큼 멀다. 왔다가 미끄러진 인연의 소용돌이는 수많은 별들이 되어 가슴을 파고들 뿐이다. 너에게 "내려야 하는데 내 발은 우측 도어에서 너무 멀리에 있다". 는 표현의 너머에, 아아, 나라는 존재는 너의 문에 당도하기엔 너무 멀리에 있다는 비극적인 자각이 드러나는 순간의 비극이 여기에 머문다.

네게로 갔다
기울어진 자정을 넘어 흔들리며 밤길을 갔다
별빛이 내어준 가느다란 길을 따라 두 눈을 감고 네게로 갔다
너의 얼굴이 희미해져 눈가를 훔치며 갔다
첫발을 떼면 다음 길이 만들어지는
신기한 길을 따라 나는 네게로 가고 있다
별빛 쏟아지는 새벽이 되어서야 잠이 들었고
암호 같은 시간을 해독하지 못한 채 잠이 깼다
네 눈에 그늘이 지는 건 원치 않았기에

육신이 피곤해져 쉬어야겠다는 말에 마음이 아팠다 종소리가 들린다
모든 걸음은 돌려받지 못할 상처가 되기도 하였겠지만
쓸린 상처보다 깊은 그리움의 상처
겨울비 소리 가까이 들리는데 또 하루가 저무는 소리

- 「이명」 전문

   시의 대상과 타자와의 거리를 좁히기 위해 시인은 부단히 노력을 한다. 낮밤도 없다. 자정 넘어서 흔들리는 밤길에서도 간다. 별빛이 내어준 가느다란 길을 따라 걷는다. 갈수록 본래 알던 네 얼굴이 희미해져 눈가를 훔치기도 한다. 그 길은 신비한 길이다. 첫발을 떼기만 하면 다음 발자국이 만들어지는 길이다.
   신호철 시인의 시 작업은 어쩐지 고통스러운 일면이 함께하곤 하였다. 한 단어, 한 문장 다음에 길이 보이는 내면의 시간들이다. 하지만 그는 그 재미에 빠져 "별빛 쏟아지는 새벽이 되어서야 잠이 들었고/ 암호 같은 시간을 해독하지 못한 채 잠이 깼다"고, 새벽 종소리가 들릴 때까지 너를 찾았지만 만남은 쉽지 않았다. 이 모든 걸음과 이 모든 과잉은 "돌려받지 못할 상처"가 되기만 할까? 이쯤에서 그동안 있어왔던 중요한 심미적 요소들을 여겨보기로 하자. 대상의 '완전성'은 이제 스스로의 돌아봄의 기조에 의해 거부되기도 하였다. 어떤 사물을 완전하다고 판단하는 것은 '완전함'이라고 가정되어 있는 확정에 대한 재확인 일 수 있었다는 것을 신호철 시인도 알게 되었던 것 같다.

하지만 어떤 앎과는 무관하게 대상을 그저 물끄러미 바라보며 이미지를 즐기는 유희와도 같은 상태가 때론 우리에게 실재했던 기억은 있다. 대상이 어떤 속성이 있어서 아름답게 느껴지는 것이 아니라 내가 아름답다고 느낄 수 있는 마음의 조건에 부합하여 보았던 것이다. 그런 관점에서 보면 대상과 합일하고자 하는 완성에 대한 그리움과 기다림의 정서는 과정만으로도 늘 소중한 것이었다. 마음으로 긴 시를 고르고 있는 필자에게도 그것은 커다란 위안의 순간으로 느껴진다.

> 당신은 그곳에 서 있었습니다 당신이 그 자리에 없었을 뿐 나무 한 그루는 늘 그곳에 서 있었습니다 처음에 그 나무는 빈 몸이었다가 어느 날 흰 꽃을 한 아름 안고 와서 창문을 두드립니다 불현듯 창문 앞에 앉아서 머리를 묻고 힘들어 하였던 나는 나무의 뜻밖의 고백으로 환하게 밝아집니다 우리들 모두는 떨어져 있고 서로의 허공 속에서 떨고 있었습니다 당신도 이제 창가에 나와 고즈넉이 앉아 보시기 바랍니다 지나가는 바람이 창문을 두드려주는 소리에 귀 기울여 보시기 바랍니다 혼자였던 당신이 문득 누군가를 가장 깊게 만나는 아름다운 순간이 이제 그곳을 지나갑니다
> － 「깊은 순간이 지나갑니다」 전문

신호철 시인의 아름다운 시 중의 한 편이다. 이 시는 순간의 시학을 말하고 있다. 초자연적 존재의 출현이나 신성한 계시, 사물의 본령을 드러내려는 지극함이 여기에 있다. 평범한 풍경이나 일상적 경험에서 홀연한 광명의 체험을 얻는 순간으로 드러난다. 예기치 않은 것의 출현을 맞이하는 신호철 시인의 태도는 "연속성에 대항하

는 시간 양식"의 미학적 감상을 일으키고는 한다. 그 순간은 절대적으로 현존하는 지속이며 "그 어떤 사건에 대한 연속의 흔적이 없는" 시간이다. 황홀한 '지금'이라는 시간의 기호 속으로 모든 것을 수렴하고픈 자세였던 것이다.

   시는 이러한 순간의 습격에 의해 탄생한다. 시인은 시를 통해 순간을 창조한다. 창문 앞에 앉아 여전히 힘들어 하는 나에게, 자신의 존재로 하여금 머리를 묻고 고뇌하는 시간에게로, 창밖에서 항상 빈 몸이었던 나무가 흰 꽃을 한 아름 안고 찾아 와서 고백을 한다. 순간 주위가 환하게 밝아지는 것이다. 우리는 떨어져 있었지만 서로의 허공 속에서 똑같이 떨고 있다는 자각. 수평적 여정의 순간에 불현듯 나타나는 수직적 존재와도 같은 그 무엇이, 시를 찾아 헤매는 순례자의 여정 같이도 느껴지고 있었다. 시인의 발걸음은 "이제 창가에 나와 고즈넉이 앉아 보시"라고 권하기도 한다. 보아 넘겼던 사물과 시간과의 돌연한 대치가 그의 시의 한 풍경을 내비쳐 주는 장면이다. 감춰진 본질의 갑작스런 드러남이 가까이 있었으나 멀리 있던 존재의 일회적 나타남으로 증거 되는 중이다. "누군가를 가장 깊게 만나는 아름다운 순간이 이제 그곳을 지나"가고 있고, 라고 신호철 시인은 말한다.

     고요해야 할 때
     누가 시킨다 하여 고요해지겠는가만
     뼛속 깊이 불어 가는 바람을 보내야 할 때

그럼에도 더 고요해야 한다면
그대 곁에 맴돌다 토해내는 나지막한 숨
혀를 문 침묵이어야 하리
빛나던 별빛은 사라지고 지금은 고요해야 할 때
그대 뒤에 숨어서 하루가 가고
마른 나무들의 가지에서 낙엽이 떨어지면
경계를 지우면서 슬로우 모션 속의 풍경처럼
아직 그대를 바라보며 서 있는 한 그루 나무가 되어
지금은 누구라도 고요해야 할 때

-「고요해야 할 때」 전문

   시인의 눈이 잘 보이지 않는 것을 보아내려면 먼저 해야 할 일은 고요해져야 할 것이라는 그의 말에 우선 동의하기로 하자. 보고자 하는 화자의 마음 앞으로는 그런데 커다란 장벽이 있다. 그러니 일단 누가 시키지 않았는데도 마음가짐을 고요하게 정리해 본다. 고요해져서 뼛속 깊이 불어가는 바람을 느껴야 하였다. 점점 더 고요해져 보는 것이다. 그대 곁에 맴돌다 뱉어내는 나지막한 숨조차 혀를 문 침묵으로 가두어야 했다. 고요 속에서 그 이상의 것을 보아내거나 들으려고 했으나 화자는 결국 그 뜻을 이루지 못한다. 못한다. 그것은 어쩌면 화자가 도달하려고 하였던 대상을 "그대"라고 이미 고정시켜 놓았기 때문일 수도 있었다. 이 시에서 "그대"는 그래서 극복

해야 하고 뚫고 나가야 하고 무화시켜버려야 하는 무거운 대상으로 자리를 잡게 되었다. 마른 나무들의 가지에서 이미 떨어지고 없는 낙엽이 떨어져 사라져 간다. 시간의 이행이라는 경계를 지우면서 슬로우 모션의 풍경처럼 모든 풍경과 사물들이 그림 속의 시계처럼 녹아내리고 있다. 그것들은 기화하여 처음의 원소로 돌아가려 한다. 화자는 대상과 나라는 이분법 속에서 "아직 그대를 바라보고 서 있는 한 그루 나무"이고 싶은 것이다. 고요해지려고 하면 고정관념이 내는 모든 소음들이 또한 고요해질 것이다. 그렇게 마침내 수조가 뒤집히고 관상어들이 마른 바닥에서 튀듯이 뒤집힌 세계가 다시 시작될 것 같았다.

> 빈 들이라 하지만 빈 곳은 없습니다
> 땅속에는 셀 수 없는 씨앗이 잠자고
> 그곳을 걸을 때마다 발바닥이 간지러워요
> 발끝을 세워 걸어야 해요
> 한 톨의 씨앗도 깨워선 안되니까요
> 봄에 깨어나기 위해 씨앗들은 잠들어 있겠지요
> 빈들에도 셀 수 없는 단어들이 잠들어 있어요
> 그를 깨울 때는 그는 깊이 잠들었고
> 그가 나를 깨울 때는 너무 멀리 있었어요
> 그와 내가 만날 특별한 시간과 장소는 없어요

그를 깨울 때는 그는 깊이 잠들었고
그가 나를 깨울 때는 너무 멀리 있었어요
삶의 여러 갈래 길에서 만날 당신, 꿈틀거려만 주세요

봄을 기다리는, 빛나는 초록을 꿈꾸는 빈 들은
빈 들이 아니랍니다 나와 네가 만나 피워낼
꽃 한 송이, 별 하나 품고 잠든
빈들은 빈들이 아니랍니다
- 「빈 들은 빈들이 아닙니다」 전문

보고자 하는 의지가 있다고 해서 다 보여지는 것은 아니다. 하지만 시인들은 자신과 만나 작품이 될 말의 씨앗들이 주변에 널려 있음을 믿고 있는 경우가 많다. 그것들을 찾아 사방을 둘러볼 뿐 아니라 위아래로도 눈을 흘기곤 한다.

특별히 이 시에서 신호철 시인은 자기가 밟고 있는 들판의 발아래에 주목한다. 그곳은 씨앗들로 충만한 공간이다. 눈으로 보이지는 않지만 내가 깨워주면 깨어날 별빛들이 봄을 기다리고 있었던 것이다.

봄이 오기 전엔 발끝으로 걸어야 한다고 그는 말한다. 씨앗도 나도 아직 준비가 되어있지 않았기 때문이다. 봄을 기다리는 씨앗의 정령들을 깨우기 위해 화자의 정신은 더욱 더 빈 들을 헤매어야 하였다. 내가 그를 깨울 때 그는 깊이 잠들었고 그가 나를 깨울 때는 너무 멀리 있었던 정황이기는 하지만, 씨앗에게 잠은 왕자의 입맞춤처럼 자신들의 존재를 깨워 널리 알려줄 시인이 필요하였을 거였다. 씨앗들은 아직 백년 너머의 잠 속이었을 거였다.

  빈 들판이라는 삶의 갈래 길에서 만났을 당신, 내가 그를 깨울 때 부디 꿈틀거려 달라고, 잠자는 언어들을 두드리는 화자의 모습이 깊어 보인다. 그렇게 나와 세계가 만나 피워 낼 꽃 한 송이와 별 하나까지 품고 있었던 빈 들이었다. 사실 그곳은 빈들이 아니라 무한히 열린 사념의 공간이었을 것이다. 벗은 발로 단어가 가득한 빈들을 헤매는 시인에게로 동참하고 싶어지는 마음이 생기는 것 같았다. 두꺼워진 발바닥이 굳어버리기 전에 시인은 빈들에 나서야 하는 존재들이었다.

    무당벌레 손등에 앉았다
    어느 행성에서 머물다 온 별
    딱딱한 껍질 속이 비치지 않아서 비밀을 넣어두면
    은빛 날개를 펼쳐 날아가지
    한 잎 우주의 섬으로
    다리도 없이 건너와서는 둥그런 어깨가 휘어질 때
    얇고 빛나는 날개

　　　　　한 철의 유희를 쫓아 숲으로 간다
　　　　　내용을 알 수 없는 점을 치러 간다
　　　　　　　　　　　　－「무당벌레」 전문

　이 시 역시 이 시집이 이룩한 또 한 편의 아름다운 작품이다. "무당벌레가 손등에 앉았다", 왠지 손등이 금방 반응할 것만 같은 생생함이 드러나 있다. 시인의 교감은 무당벌레를 행성에서 머물다 온 별로 바라본다. 그의 딱딱한 껍질 속에 비밀을 넣어두어도 좋았다. 가벼운 사람들과 달리 속이 비치지 않아서 시인에게 무당벌레는 믿음직스러운 존재 같았다. 시의재제와 일체가 된 시인은 은빛 날개를 펼쳐 우주의 섬으로 날아간다. 내 비밀도 영원히 우주의 미로에서 미아가 된다. 슬픈 비밀이든 부끄러운 비밀이든 이제는 그렇게 나를 떠나 보냈다. 매미날개같이 가벼운 사람들에게 깊은 속을 열었다가 다친 적이 있는 이들은 화자가 지금 어디를 향해 떠나가고 있는지 어렴풋이나마 알 수 있을 것이다. 무당벌레는 다리도 자전거도 없다. 여린 날개로만 옮겨가는 것이다. 우리들의 거리이동도 무당벌레와 같다면 차라리 좋을 것 같다. 한 철의 준비된 유희를 쫓아 숲으로 가겠다. 시인들의 특권인 언어유희야 말로 그 숲에서 누리는 보상일 수 있었다. 그렇게 시인과 우리들은 내용을 알 수 없어 궁금하기 짝이 없는 미래의 어딘가를 들여다보고 싶은 것이다.

　신호철 시인의 시집 전편을 읽고 나니 화자가 극성으로 사모하고 그리워하였던 점철의 대상이 확연하게 짐작

되는 것 같다. 시로 결정되고 형상하는 와중에서도 또 다시 태어나야 할 "시"였을 것 같다. 그는 태어난 시점부터 시를 살아가야 할 운명의 나라가 정해진 사람처럼 보였다. 그의 시를 향한 열망은 머나먼 이국땅에서도 모국어를 놓지 못하는 천형 의 그리움의 무늬를 짜고 있다.

　하지만 그의 "시"가 전혀 다른 의미라 하여도 무엇이 달라질 수 있었을까. 그가 문득 제 하늘 위의 별들을 다 헤아리고 난 뒤에서, 주문처럼 호명한 무당벌레 한 마리와 그 무당벌레가 누리는 유희의 숲과 호수는 기실 이 시집의 미덕이자 신호철 시인의 대답이었던 셈이다. 또한 그의 대답은 퍽이나 아름다운 '시의 정염'으로도 바라보인다. 신호철 시인의 영원토록 건재 할 "물방울 같았던 하루"가 독자제현들의 많은 사랑을 받기를 바라는 마음을 전하면서 필자의 거친 덧 글을 마치려고 한다. 그의 "하루"에 다시 한번 더 멀리에서나마 축하의 마음을 보내드린다.